AF259674

RAPPORT au Président de la République française suivi d'un décret portant organisation de municipalités à la Guyane française.

(Du 15 octobre 1879.)

(4e Direction : Colonies, — 1er bureau : *Administration générale et affaires politiques.*)

MONSIEUR LE PRÉSIDENT,

La colonie de la Guyane française, qui a été dotée par décret du 23 décembre 1878 d'un Conseil général nommé par le suffrage universel, et qui, par la loi du 8 avril 1879, a été, de nouveau, appelée à envoyer un représentant à la Chambre des députés, ne possède pas d'institutions municipales électives. Un décret colonial du 3 juin 1835, encore en vigueur aujourd'hui, a divisé le territoire de la colonie en treize communes ou quartiers, administrés par des commissaires commandants ou lieutenants commissaires, à la nomination du Gouverneur. Seule, la ville de Cayenne a un Conseil municipal composé de douze membres choisis par le chef de la colonie, auquel incombe également la désignation du maire et des adjoints.

Le maire de Cayenne et les commissaires commandants dans les quartiers sont chargés, sous l'autorité du directeur de l'intérieur, de l'exécution des lois, ordonnances, décrets et règlements sur l'administration de la police municipale et rurale, des fonctions judiciaires qui leur sont attribuées par les lois et règlements, et des fonctions de l'état civil.

Les attributions du Conseil municipal de Cayenne sont purement consultatives; elles consistent à donner son avis sur les affaires qui intéressent le service de la ville et sur les questions qui lui sont soumises par l'autorité supérieure. Il n'existe pas de budget municipal; c'est le budget local qui pourvoit aux dépenses dites communales.

L'anomalie de cet état de choses, en présence des institutions libérales dont jouissaient nos autres possessions d'outre-mer, préoccupait depuis longtemps l'administration; divers projets avaient été mis par elle à l'étude pour appeler la population de cette ancienne colonie à une participation plus large et plus directe au maniement de ses affaires intérieures. L'éparpillement de la population sur un territoire très-étendu, eu égard au chiffre des habitants, la difficulté de créer des ressources municipales aux groupes appelés à se constituer en communes ont été les plus sérieux obstacles contre lesquels on est venu tout d'abord se heurter. L'administration devait être conduite à se demander s'il ne convenait pas dans les institutions à créer, de tenir compte de l'état d'avancement relatif des différents quartiers, et d'établir entre eux un classement répondant à cette situation, en constituant trois degrés d'organisation communale, savoir : les communes de plein exercice, les communes fonctionnant sous la réserve de l'intervention administrative dans la gestion financière, enfin, les communes administrées par les commandants de quartier.

Ce système ne laissait pas que d'offrir de réelles complications, et c'est avec regret que je me serais résolu à l'accepter. J'ai pensé que le Conseil général nouvellement institué pouvait me fournir, à cet égard, des lumières précieuses. J'ai donc consulté cette Assemblée, laquelle n'a pas hésité à adopter, pour tous les quartiers de la colonie, le régime des communes de plein exercice, et une organisation uniforme, se rapprochant autant que possible de celle de la Métropole et des colonies. Une seule réserve a été faite, à l'égard de deux quartiers qui, possédant chacune une population trop faible, ont été réunis ensemble dans une même commune.

Le fonctionnement de Conseils municipaux dans certains de ces centres offrira peut-être quelques difficultés au début, étant donnée la dissémination des habitants et le peu de familiarité de la plupart d'entre eux avec des devoirs nouveaux. Mais, d'une part, ces institutions, en réunissant les intérêts, faciliteront le rapprochement des personnes, et, de l'autre, l'initiation à la vie communale ne saurait être de longue durée pour des citoyens déjà appelés à nommer un député et à élire un Conseil général.

L'Assemblée locale s'est, d'ailleurs, préoccupée d'établir un groupement qu'elle considère comme devant permettre de trouver partout les éléments nécessaires pour la formation des Conseils municipaux. Quant à la constitution des budgets spéciaux, il est vrai que la plupart des quartiers n'offrent presqu'aucune ressource propre ; mais il ne faut pas oublier que, dans nos colonies des Antilles et de la Réunion, le principal revenu des communes est la part attribuée à chacune sur l'octroi de mer, qui constitue en réalité une sorte d'assistance du budget local. Il en sera de même à la Guyane, et la dotation des communes consistera d'abord dans la délégation qui leur sera faite des prévisions déjà inscrites au budget de la colonie, pour les dépenses que lui impose actuellement l'administration de ces groupes. Mais il est présumable que cette subvention directe pourra bientôt disparaître, si l'Assemblée locale se décide à créer les taxes qui, dans nos autres colonies, servent à alimenter les budgets municipaux.

Sous la réserve de quelques tâtonnements que pourra produire, sur certains points de la colonie, le fonctionnement d'un régime municipal complet, j'estime que le projet d'organisation qui est sorti d'un vote unanime du Conseil général de la Guyane répond aux besoins de la situation, et je suis d'avis de l'adopter. Il repose, d'ailleurs, sur la base du suffrage universel, et confère aux Conseils municipaux toutes les attributions dévolues à ceux des autres colonies.

J'ai la confiance qu'il constituera un progrès sérieux et une amélioration véritable dans le régime intérieur de cette intéressante colonie. J'ai donc l'honneur de vous prier de vouloir bien revêtir de votre signature le décret ci-joint, qui a pour objet de consacrer le projet dont il s'agit.

Je vous prie d'agréer, etc.

Le Ministre de la Marine et des Colonies,
Signé : JAURÉGUIBERRY.

DÉCRET portant organisation de municipalités à la Guyane française.

(Du 15 octobre 1879.)

LE PRÉSIDENT DE LA RÉPUBLIQUE FRANÇAISE.

Vu l'ordonnance organique pour la Guyane du 27 août 1828, et le décret colonial du 30 juin 1835, sur l'organisation municipale de la colonie;

Vu les lois des 18 juillet 1837, 5 mai 1855, 24 juillet 1867 et 14 avril 1871, sur l'organisation municipale en France;

Vu l'article 18 du sénatus-consulte du 3 mai 1854;
Sur le rapport du Ministre de la marine et des colonies;

DÉCRÈTE :

TITRE PREMIER.

De la constitution des communes.

ARTICLE PREMIER.

Le territoire de la Guyane française est divisé en 10 communes de plein exercice, régies par le présent décret.

Ces communes porteront les dénominations suivantes :

1° *Oyapock*. — Formée du quartier de ce nom (chef-lieu le bourg);

2° *Kaw-Approuague*. — Formée de la réunion des deux quartiers actuels de Kaw et d'Approuague (chef-lieu bourg de l'Approuague);

3° *Roura*. — Formée du quartier de ce nom et du cana Torcy (chef-lieu le bourg de Roura.)

4° *Ile-de-Cayenne-Tour-de-l'Ile*. — Formée de la réunion des deux quartiers actuels de l'Ile-de-Cayenne et du Tour-de-l'Ile (chef-lieu le bourg de l'Ile-de-Cayenne), d'après la nouvelle délimitation actuellement à l'état de projet ;

5° *Tonnégrande-Montsinéry*. — Formée de la réunion des deux quartiers actuels de Tonnégrande et du Montsinéry (chef-lieu le bourg de Tonnégrande);

6° *Ville de Cayenne*. — Commune chef-lieu, comprenant la ville de Cayenne dans ses limites actuelles; y compris ses banlieues;

7° *Macouria*. — Formée du quartier de ce nom (chef-lieu le bourg);

8° *Kourou*. — Formée du quartier de ce nom (chef-lieu le bourg);

9° *Sinnamary-Iracoubo*. — Formée de la réunion des quartiers actuels de Sinnamary et d'Iracoubo (chef-lieu le bourg de Sinnamary);

10° *Mana et dépendances*. — Formée du quartier de ce nom y compris le haut Maroni (chef-lieu le bourg de Mana).

Chaque commune conserve ses limites actuelles ou celles des quartiers dont elle se forme, sous réserve des modifications qui seront apportées aux limites du quartier de l'Ile de Cayenne, par suite de l'extension de la banlieue de Cayenne.

ART. 2.

Il sera statué par décret du Chef de l'État :

1° Sur les changements à apporter aux limites des communes ;
2° Sur la formation des nouvelles communes.

TITRE II.

De l'organisation communale.

CHAPITRE PREMIER

DE LA FORMATION DU CORPS MUNICIPAL.

ART. 3.

Le corps municipal se compose d'un maire, de deux adjoints et d'un nombre de conseillers municipaux en rapport avec le chiffre de la population, conformément à l'échelle fixée par l'article 6 de la loi du 5 mai 1855 (1).

Le Gouverneur, en Conseil privé, détermine le nombre de membres de chaque Conseil d'après le dernier recensement officiel.

« Lorsque l'éloignement d'une section du chef-lieu de la commune l'exigera, l'adjoint de cette section, ou, à son défaut, un conseiller nommé par le Conseil municipal, remplira les fonctions d'officier de l'état civil, et sera chargé de l'exécution des lois et règlements dans les cas d'urgence. »

---

(1) 10 Membres pour 500 habitants et au-dessous.

12	de	501	à	1,500
16	de	1,501	à	2,500
21	de	2,501	à	3,500
23	de	3,501	à	10,000
27	de	10,001	à	30,000
30	de	30,001	à	40,000
32	de	40,001	à	50,000
34	de	50,001	à	60,000
36	de	60,001		et au-dessus.

ART. 4.

Les fonctions de maire, d'adjoints et de conseillers municipaux sont essentiellement gratuites.

ART. 5.

Ne peuvent être élus membres des conseils municipaux :

1º Le Gouverneur, les chefs d'administration, les membres du Conseil privé ;

2º Les commissaires et agents de police ;

3º Les militaires ou employés des armées de terre et de mer en activité de service ;

4º Les ministres des divers cultes en exercice dans la commune ;

5º Les juges de paix titulaires dans les cantons où ils exercent leurs fonctions ;

6º Les membres du tribunal de 1re instance ;

7º Les comptables des deniers communaux et les agents salariés de la commune ;

8º Les entrepreneurs des services communaux ;

9º Les domestiques attachés à la personne ;

10º Les individus dispensés de subvenir aux charges communales et ceux qui sont secourus par les bureaux de bienfaisance.

Nul ne peut être membre de plusieurs conseils municipaux.

ART. 6.

Les parents au degré de père, de fils, de frère et les alliés du même degré ne peuvent être, en même temps, membres du conseil municipal.

ART. 7.

Tout conseiller municipal qui, pour une cause survenue postérieurement à sa nomination, se trouve dans un des cas prévus par les articles 5 et 6, est déclaré démissionnaire par le Gouverneur, sauf recours au Conseil privé.

ART. 8.

Les conseillers municipaux sont élus pour six ans et renouvelables par moitié tous les trois ans.

A la session qui suit la première élection, le conseil municipal se partage en deux séries composées chacune d'un nombre égal de membres, et il procède ensuite à un tirage au sort pour régler l'ordre de renouvellement des séries.

Les conseillers sortants sont rééligibles.

Art. 9.

Les conseillers municipaux sont élus par l'assemblée des électeurs communaux.

Les élections auront lieu au scrutin de liste pour toute la commune. Néanmoins, la commune pourra être divisée en sections dont chacune élira un nombre de conseillers proportionné au chiffre de la population. En aucun cas, ce fractionnement ne pourra être fait de manière qu'une section ait à élire moins de deux conseillers. Le fractionnement sera fait par le Conseil privé, assisté du maire et des ajoints, sur l'initiative, soit du Directeur de l'intérieur, soit d'un membre du conseil municipal de la commune intéressée.

Chaque année, le Conseil privé, assisté du maire et des adjoints de Cayenne, procédera, par un travail d'ensemble comprenant les communes de la colonie, à la révision des sections et en dressera un tableau qui sera permanent pour les élections municipales à faire dans l'année.

Pour la première élection des conseils municipaux, la division en sera faite par arrêté du Gouverneur, en Conseil privé.

Art. 10.

Sont électeurs tous les citoyens français âgés de 21 ans accomplis, jouissant de leurs droits civils et politiques et n'étant dans aucun cas d'incapacité prévu par la loi, et, de plus, ayant depuis une année leur domicile réel dans la commune.

Sont éligibles au conseil municipal d'une commune, tous les électeurs âgés de vingt-cinq ans, réunissant les conditions prescrites par le paragraphe précédent, sauf les cas d'incapacité et d'incompatibilité prévus par les lois et règlements en vigueur et les articles 5 et 6 du présent décret.

Toutefois, il pourra être nommé au conseil municipal d'une commune, sans la condition de domicile, un quart des membres qui le composeront, à la condition par les élus non domiciliés de payer dans ladite commune une contribution au profit du budget local.

Art. 11.

Sont rendues applicables les dispositions contenues dans la section III de la loi du 5 mai 1855, sur l'organisation|municipale, sauf les modifications ci-après.

Art. 12.

Les colléges électoraux sont convoqués par arrêtés du Gouverneur, pris en Conseil privé.

L'intervalle entre la promulgation de l'arrêté et l'ouverture des colléges est de 15 jours francs.

Art. 13.

Le scrutin ne durera qu'un seul jour. Il sera ouvert autant que possible un dimanche ou un jour férié, à huit heures du matin et clos à six heures du soir. Le dépouillement a lieu immédiatement.

Art. 14.

En tout ce qui n'est pas prévu par le présent décret, les attributions conférées dans la métropole aux Préfets et aux Conseils de préfecture, sont exercées par le Gouverneur, en Conseil privé.

Art. 15.

En cas de vacances dans l'intervalle des élections triennales, il est procédé au remplacement quand le Conseil municipal se trouve réduit aux trois quarts de ses membres. Toutefois, dans les communes divisées en sections, il y aura toujours lieu de faire des élections partielles toutes les fois que, par suite des décès ou perte des droits politiques, la section n'aurait plus aucun représentant dans le conseil.

Art. 16.

La suspension et la dissolution des conseils municipaux peuvent être prononcées par arrêtés du Gouverneur, en Conseil privé. Le Gouverneur en rend compte immédiatement au Ministre de la marine et des colonies.

Dans l'un et l'autre cas, le Gouverneur désigne, pour remplir les fonctions du conseil municipal, une commission dont le nombre des membres ne peut être inférieur à la moitié des conseillers municipaux.

La commission nommée en cas de dissolution peut être maintenue en fonctions pendant six mois.

CHAPITRE II.

ASSEMBLÉES DES CONSEILS MUNICIPAUX.

ART. 17.

Les conseils municipaux s'assemblent en session ordinaire quatre fois l'année, au commencement de février, mai, août et novembre ; chaque session peut durer dix jours.

Le Gouverneur prescrit la convocation extraordinaire du conseil municipal ou l'autorise, sur la demande du maire, toutes les fois que les intérêts de la commune l'exigent.

La convocation peut également avoir lieu pour un objet spécial et déterminé sur la demande du tiers des membres du conseil municipal adressée directement au Gouverneur, qui ne peut la refuser que par un arrêté motivé. Cet arrêté est notifié aux réclamants qui peuvent se pourvoir devant le Ministre de la marine et des colonies.

ART. 18.

La convocation se fait par écrit et à domicile.

Quand le Conseil municipal se réunit en session ordinaire, la convocation se fait, pour Cayenne, cinq jours au moins avant celui de la réunion, et dix jours au moins avant, pour les autres communes.

Quand le Conseil municipal est convoqué extraordinairement, la convocation se fait trois jours au moins avant celui de la réunion, pour Cayenne, et cinq jours au moins avant, pour les autres communes.

Elle contient l'indication des objets spéciaux et déterminés pour lesquels le conseil doit s'assembler.

Dans les sessions ordinaires, le conseil peut s'occuper de toutes les matières qui rentrent dans ses attributions.

En cas de réunion extraordinaire, le conseil ne pent s'occuper que des objets pour lesquels il a été spécialement convoqué.

En cas d'urgence, le Gouverneur peut abréger les délais de convocation.

ART. 19.

Le conseil municipal ne peut délibérer que lorsque la majorité des membres en exercice assiste à la séance.

Lorsque après deux convocations successives à huit jours d'intervalle dûment constatées, les membres du conseil municipal ne se sont pas réunis en nombre suffisant, la délibération prise après la troisième convocation est valable quel que soit le nombre des membres présents.

ART. 20.

Les conseillers siégent dans l'ordre du tableau. Les résolutions sont prises à la majorité absolue des suffrages.

Il est voté au scrutin secret toutes les fois que trois des membres présents le réclament.

ART. 21.

Le Maire préside le conseil municipal et a voix prépondérante en cas de partage.

Les mêmes droits appartiennent à l'adjoint qui le remplace.

Les fonctions de secrétaire sont remplies par un des membres du conseil nommé au scrutin secret et à la majorité des membres présents. Le secrétaire est nommé pour chaque session.

ART. 22.

Dans les séances où les comptes d'administration du maire sont débattus, le conseil municipal désigne au scrutin celui de ses membres qui exerce la présidence.

Le maire peut assister à la délibération : il doit se retirer au moment où le conseil municipal va émettre son vote. Le président adresse directement la délibération au Gouverneur.

ART. 23.

Tout membre du conseil municipal, qui, sans motifs légitimes, a manqué à trois convocations consécutives, peut être déclaré démissionnaire par le Gouverneur, sauf recours, dans les dix jours de la notification, devant le Conseil privé.

ART. 24.

Les membres du conseil municipal ne peuvent prendre part aux délibérations relatives aux affaires dans lesquelles ils ont un intérêt, soit en leur nom personnel, soit comme mandataires.

ART. 25.

Les séances des conseils municipaux ne sont pas publiques.

Les délibérations sont inscrites par ordre de date sur un registre coté et paraphé par le Directeur de l'intérieur. Elles sont signées par tous les membres présents à la séance, ou mention est faite de la cause qui les a empêchés de signer; copie en est adressée au Gouverneur dans la huitaine.

Tout habitant ou contribuable de la commune a droit de demander communication sans déplacement et de prendre copie des délibérations du conseil municipal de sa commune.

ART. 26.

Toute délibération d'un conseil municipal portant sur un objet étranger à ses attributions est nulle de plein droit.

Le Gouverneur, en Conseil privé, en déclare la nullité. En cas de réclamation du conseil municipal, il est statué par un décret portant règlement d'administration publique.

ART. 27.

Sont également nulles de plein droit, toutes les délibérations prises par un conseil municipal hors de sa réunion légale.

Le Gouverneur, en Conseil privé, déclare l'illégalité de la réunion et la nullité des délibérations.

ART. 28.

Tout conseil municipal qui se mettrait en correspondance avec un ou plusieurs autres conseils ou qui publierait des proclamations ou adresses, sera immédiatement suspendu par le Gouverneur.

ART. 29.

Tout éditeur, imprimeur, journaliste ou autre qui rendra publics les actes interdits au conseil municipal par les articles

27 et 28 du présent décret sera passible des peines portées en l'article 123 du code pénal.

CHAPITRE III.

DE LA NOMINATION DU MAIRE ET DES ADJOINTS.

ART. 30.

Le conseil municipal élira le maire et les adjoints parmi ses membres, au scrutin secret et à la majorité absolue. Si, après deux scrutins, aucun candidat n'a obtenu la majorité, il sera procédé à un tour de ballotage entre les deux candidats qui auront obtenu le plus de suffrages. En cas d'égalité des suffrages, le plus âgé sera nommé.

Toutefois, le maire et les adjoints de la commune chef-lieu' sont nommés par arrêtés du Gouverneur. Ils sont pris dans le conseil municipal.

Les maires et les adjoints sont nommés ou élus pour trois ans; ils peuvent être suspendus ou révoqués par arrêtés du Gouverneur pris en Conseil privé. Les maires et les adjoints destitués ne seront pas rééligibles pendant une année.

ART. 31.

En cas d'absence ou d'empêchement, le maire est remplacé par un de ses adjoints dans l'ordre des nominations.

En cas d'absence ou d'empêchement du maire et des adjoints, le maire est remplacé par un conseiller municipal désigné à Cayenne par le Gouverneur, et, dans les autres communes, par le conseil municipal. A défaut de ces désignations, le maire est remplacé par le conseiller municipal, le premier dans l'ordre du tableau.

Ce tableau est dressé d'après le nombre des suffrages obtenus en suivant l'ordre des scrutins.

ART. 32.

Ne peuvent être ni maires, ni adjoints :

1º Les membres des cours, des tribunaux de première instance et des justices de paix;

2º Les ministres des cultes;

3° Les militaires et employés des armées de terre et de mer en disponibilité ;

4° Les fonctionnaires et agents payés sur le budget local.

Les agents salariés du maire ne peuvent être ses adjoints.

Il y a incompatibilité entre les fonctions de maire et d'adjoint et le service de la garde nationale ou des milices.

Nul ne peut être maire ou adjoint dans une commune et conseiller municipal dans une autre.

CHAPITRE IV

DES ATTRIBUTIONS DES MAIRES.

ART. 33.

Le maire est chargé, sous l'autorité de l'administration supérieure :

1° De la publication et de l'exécution des lois et règlements ;

2° De l'exécution des mesures de sûreté publique ;

3° De la conservation et de l'administration des propriétés de la commune, et de faire, en conséquence, tous actes conservatoires de ses droits ;

4° De la gestion des revenus, de la surveillance des établissements communaux et de la comptabilité communale ;

5° De la proposition du budget et de l'ordonnancement des dépenses ;

6° De tout ce qui concerne l'établissement, l'entretien, la conservation des édifices communaux, cimetières, promenades, places, rues et voies publiques ne dépendant pas de la grande voirie : l'établissement et la réparation des fontaines, aqueducs, pompes et égouts ;

7° De la police municipale en tout ce qui a rapport à la sûreté et à la liberté du passage sur la voie publique, à l'éclairage, au balayage, aux arrosements, à la solidité et à la salubrité des constructions privées ;

Aux mesures propres à prévenir et à arrêter les accidents et fléaux calamiteux, tels que les incendies, les épidémies, les épizooties, les débordements ;

Aux secours à donner aux noyés ;

A l'inspection de la salubrité des denrées, boissons, comestibles et autres marchandises mises en vente publique et de la fidélité de leur débit ;

8° Des fonctions de l'état civil ;

9° De la fixation des mercuriales ;

10° Des adjudications, marchés et baux ;

11° De la direction des travaux communaux ;

12° De souscrire les marchés, de passer les baux des biens et adjudications des travaux communaux dans les formes établies par les lois et réglements ;

13° De souscrire dans les mêmes formes les actes de vente, échange, partage, acceptation de dons ou de legs, acquisitions, transactions, lorsque ces actes ont été régulièrement autorisés :

14° De représenter la commune en justice, soit en demandant, soit en défendant ;

15° Et de toutes les fonctions spéciales qui lui sont attribuées par les lois et règlements.

ART. 34.

Le maire prend des arrêtés à l'effet :

1° D'ordonner les mesures locales sur les objets confiés par les lois et règlements à sa vigilance et à son autorité ;

2° De publier de nouveau les lois et règlements de police et de rappeler les citoyens à leur observation.

Les arrêtés pris par le maire sont immédiatement soumis à l'approbation du Gouverneur qui peut les annuler ou en suspendre l'exécution.

Ceux de ces arrêtés qui portent règlement permanent, ne seront exécutoires qu'un mois après la remise de l'ampliation constatée par les récépissés donnés par le directeur de l'intérieur.

ART. 35.

Le maire nomme à tous les emplois communaux pour lesquels il n'est pas prescrit un mode spécial de nomination. Il suspend et révoque les titulaires de ces emplois.

ART. 36.

Le maire est chargé seul de l'administration, mais il peut déléguer une partie de ses fonctions à un ou plusieurs de ses adjoints, et en l'absence des adjoints, à ceux des conseillers municipaux qui sont appelés à en faire les fonctions, conformément à l'article 31.

Art. 37.

Dans le cas où le maire refuserait ou négligerait de faire un des actes qui lui sont prescrits par la loi, le Gouverneur, après l'en avoir requis, pourra y procéder d'office par lui-même ou par un délégué spécial.

Art. 38.

Lorsque le maire procède à une adjudication publique pour le compte de la commune, il est assisté de deux membres du conseil municipal désignés d'avance par le conseil, ou, à défaut, appelés dans l'ordre du tableau.

Le receveur municipal est appelé à toutes les adjudications.

Toutes les difficultés qui peuvent s'élever sur les opérations préparatoires de l'adjudication sont résolues, séance tenante, par le maire et les deux conseillers assistants, à la majorité des voix, sauf le recours de droit.

CHAPITRE V.

DES ATTRIBUTIONS DES CONSEILS MUNICIPAUX.

Art. 39.

Les conseils municipaux règlent par leurs délibérations les objets suivants :

1º Le mode d'administration des biens communaux,

2º Les conditions des baux à ferme ou à loyer des biens communaux dont la durée n'excède pas dix-huit ans ;

3º Les acquisitions d'immeubles lorsque la dépense totalisée avec celle des autres acquisitions déjà votées dans le même exercice ne dépasse pas le dixième des revenus ordinaires de la commune ;

4º Les projets, plans et devis de grosses réparations et d'entretien lorsque la dépense totale afférente à ces projets et autres projets de même nature adoptés dans le même exercice, ne dépasse pas le cinquième des revenus ordinaires de la commune ;

5º Le tarif des droits de place à percevoir dans les halles, foires et marchés ;

6º Les droits à percevoir pour permis de stationnement et de locations sur les rues, places et autres lieux dépendant du domaine public communal ;

7° Le tarif des concessions dans les cimetières ;

8° Les assurances des bâtiments communaux ;

9° L'affectation d'une propriété communale à un service communal, lorsque cette propriété n'est encore affectée à aucun service public, sauf les dispositions prescrites par des règlements particuliers ;

10 L'acceptation ou le refus de dons ou legs faits à la commune sans charges, conditions ni affectation immobilière, lorsque ces dons et legs ne donnent pas lieu à réclamation.

En cas de désaccord entre le maire et le conseil municipal, la délibération ne sera exécutoire qu'après approbation du Gouverneur, en Conseil privé.

Art. 40.

Expédition de toute délibération sur un des objets énoncés en l'article précédent, est immédiatement adressée par le maire au Gouverneur qui en délivre ou fait délivrer récépissé. La délibération est exécutoire si, dans les trente jours qui suivent la date du récépissé, le Gouverneur ne l'a pas annulée, soit d'office pour violation d'une disposition de la loi ou d'un règlement, soit sur la réclamation de toute partie intéressée.

Toutefois, le Gouverneur peut suspendre l'exécution de la délibération pendant un autre délai de trente jours.

Art. 41.

Les conseils municipaux délibèrent sur les objets suivants :

1° Le budget de la commune et, en général, toutes les recettes et dépenses, soit ordinaires, soit extraordinaires ;

2° Le mode d'assiette, les tarifs et les règles de perception de tous les revenus communaux, sauf l'octroi de mer ;

3° Les acquisitions, aliénations et échange des propriétés communales, leur affectation aux différents services publics, et, en général, tout ce qui intéresse leur conservation et leur amélioration ;

4° La délimitation ou le partage des biens indivis entre des communes ou des sections de communes ;

5° Les conditions des baux à ferme ou à loyer des biens com-

munaux dont la durée excède 18 ans, ainsi que celles des baux
des biens pris à loyer par la commune, quelle qu'en soit la
durée ;

6° Les projets de construction, de grosses réparations et de
démolitions, et, en général, tous les travaux à entreprendre ;

7° L'ouverture des rues et places publiques et les projets
d'alignement de voirie municipale ;

8° L'acceptation des dons et legs faits à la commune et aux
établissements communaux lorsqu'ils donnent lieu à réclamation ;

9° Les actions judiciaires et transactions ;

10° L'établissement des marchés d'approvisionnement dans
leurs communes et tous les autres objets sur lesquels les lois et
règlements appellent les conseils municipaux à délibérer.

ART. 42.

Les délibérations des conseils municipaux sur les objets
énoncés en l'article précédent sont exécutoires sur l'approbation du Gouverneur.

ART. 43.

Le conseil municipal est toujours appelé à donner son avis
sur les objets suivants :

1° Les circonscriptions relatives au culte ;

2° Les circonscriptions relatives à la distribution des secours
publics ;

3° Les projets d'alignement de grande voirie dans l'intérieur
des communes ;

4° L'acceptation des dons et legs faits aux établissements de
charité et de bienfaisance ;

5° Les autorisations d'emprunter, d'acquérir, d'échanger,
d'aliéner, de plaider ou de transiger demandées par les mêmes
établissements et par les fabriques des églises et autres administrations préposées à l'entretien des cultes dont les ministres
sont salariés par l'État ou par la colonie ;

6° Les budgets et les comptes des établissements de charité
et de bienfaisance ;

7° Les budgets et les comptes des fabriques et autres administrations préposées à l'entretien des cultes dont les ministres

sont salariés par l'État ou par la colonie lorsqu'elles reçoivent des secours sur les fonds communaux ;

8° Le mode d'assiette, les tarifs et les règles de perception de l'octroi de mer ;

9° Enfin, tous les objets sur lesquels les conseils municipaux sont appelés par les lois et règlements à donner leur avis ou seront consultés par l'administration coloniale.

ART. 44.

Le conseil municipal réclame, s'il y a lieu, contre le contingent assigné à la commune dans l'établissement des impôts de répartition.

ART. 45.

Le conseil municipal peut exprimer son vœu sur tous les objets d'intérêt communal.

Il ne peut faire publier aucune protestation, proclamation ou adresse.

ART. 46.

Le conseil municipal délibère sur les comptes présentés annuellement par le maire. Il entend, débat, arrête les comptes de deniers des receveurs, sauf règlement définitif, conformément au décret du 26 septembre 1855 sur le régime financier des colonies.

CHAPITRE VI.

DES DÉPENSES ET RECETTES ET DES BUDGETS DES COMMUNES.

ART. 47.

Les dépenses des communes sont obligatoires ou facultatives.

Sont obligatoires les dépenses suivantes :

1° L'entretien, s'il y a lieu, de l'hôtel-de-ville ou du local affecté à la mairie ;

2° Les frais de bureau ou d'impression pour le service de la commune ;

3° L'abonnement au *Bulletin des lois et au Bulletin de la colonie* ;

4° Les frais de recensement de la population ;

5⁰ Les frais des registres de l'état civil et la portion des tables décennales à la charge des communes;

6⁰ Les frais de perception des recettes municipales;

7⁰ Le traitement et les frais de bureau des commissaires de police, tels qu'ils sont déterminés par les règlements;

8⁰ Les pensions des employés municipaux et de commissaires de police régulièrement liquidées et approuvées;

9⁰ Les frais de loyer et de réparation du local de la justice de paix, ainsi que ceux d'achat et d'entretien de son mobilier, dans les communes chefs-lieux de canton;

10⁰ Les dépenses de la garde nationale ou des milices, telles qu'elles sont déterminées par les règlements;

11⁰ Les dépenses de l'instruction publique conformément aux règlements;

12⁰ L'indemnité de logement aux curés et desservants et autres ministres des cultes salariés par l'État ou la colonie, lorsqu'il n'existe pas de bâtiment affecté à leur logement;

13⁰ Les secours aux fabriques des églises et autres administrations préposées aux cultes dont les ministres sont salariés par l'État ou la colonie, en cas d'insuffisance de leurs revenus, justifiée par leurs comptes et budgets;

14⁰ Le contingent assigné à la commune conformément au règlement dans la dépense des enfants assistés;

15⁰ Les grosses réparations aux édifices communaux, sauf l'exécution des lois et règlements spéciaux concernant les bâtiments militaires et les édifices consacrés au culte;

16⁰ La clôture des cimetières, leur entretien et leur translation dans les cas déterminés par les lois et règlements;

17⁰ Les frais de plans d'alignement;

18⁰ Les frais et dépenses du conseil des prud'hommes pour la commune où il siége. Les menus frais de la Chambre de commerce pour la commune où elle existe;

19⁰ Les contributions et prélèvements établis par les règlements sur les biens et revenus communaux;

20⁰ L'acquittement des dettes exigibles et généralement toutes les autres dépenses mises à la charge des communes par une disposition spéciale.

Toutes dépenses autres que les précédentes sont facultatives.

ART. 48.

Les recettes des communes sont ordinaires ou extraordinaires.

Les recettes ordinaires des communes se composent :

1º Des revenus de tous les biens dont les habitants n'ont pas la jouissance en nature;

2º Des cotisations imposées annuellement sur les ayants-droit aux fruits qui se perçoivent en nature;

3º Du produit des centimes ordinaires affectés aux communes par les règlements et arrêtés locaux sans que le maximum puisse dépasser cinq centimes;

4º Du produit de la portion accordée aux communes dans l'impôt des patentes;

5º Du produit net des octrois de mer ou autres;

6º Du produit des droits de place perçus dans les halles, foires, marchés, abattoirs, d'après les tarifs dûment autorisés;

7º Du produit des permis de stationnement et des locations sur la voie publique, sur les ports et rivières et autres lieux publics;

8º Du produit des péages communaux, des droits de pesage, mesurage et jeaugeage, des droits de voierie et autres droits légalement établis;

9º Du prix des concessions dans les cimetières;

10º Du produit des concessions d'eau, de l'enlèvement des boues et immondices de la voie publique et autres concessions autorisées pour services communaux;

11º Du produit des expéditions des actes administratifs et des actes de l'état civil;

12º De la portion que les lois et règlements métropolitains accordent aux communes dans le produit des amendes prononcées par les tribunaux de simple police, par ceux de police correctionnelle, par le Conseil privé jugeant au contentieux et par les conseils de discipline de la garde nationale ou de la milice;

13º De la portion accordée aux communes dans le produit du principal des taxes et contributions de la colonie.

Et généralement, du produit de toutes les taxes de ville et de police dont la perception est autorisée par les règlements.

ART. 49.

Les recettes extraordinaires se composent :

1º Des contributions extraordinaires dûment autorisées;

2º Du prix des biens aliénés;

3º Des dons et legs;

4º Du remboursement des capitaux exigibles et des rentes rachetées;

5º Du produit des emprunts et de toutes autres recettes accidentelles.

ART. 50.

Le budget de chaque commune proposé par le maire et voté par le conseil municipal est définitivement approuvé par arrêté du Gouverneur, en Conseil privé.

ART. 51.

Les crédits qui pourraient être reconnus nécessaires après le règlement du budget, sont délibérés conformément aux articles précédents et autorisés par le Gouverneur, en Conseil privé.

ART. 52.

Dans le cas où, par une cause quelconque, le budget d'une commune n'aurait pas été approuvé avant le commencement de l'exercice, les recettes et dépenses ordinaires continueront, jusqu'à l'approbation de ce budget, à être faites conformément à celui de l'année précédente.

ART. 53.

Lorsque le budget communal pourvoit à toutes les dépenses obligatoires et qu'il n'applique aucune recette extraordinaire aux dépenses, soit obligatoires, soit facultatives, les allocations portées audit budget par le conseil municipal pour les dépenses facultatives ne peuvent être ni changées ni modifiées par l'arrêté du Gouverneur.

ART. 54.

Les conseils municipaux peuvent porter au budget un crédit pour dépenses imprévues.

La somme inscrite pour ce crédit ne pourra être réduite ou

rejetée qu'autant que les revenus ordinaires, après avoir satisfait à toutes les dépenses obligatoires, ne permettraient pas d'y faire face ou qu'elles excéderaient le dixième des recettes ordinaires.

Le crédit pour dépenses imprévues sera employé par le maire avec l'approbation du Gouverneur. Le maire pourra employer le montant de ce crédit aux dépenses urgentes sans approbation préalable, à la charge d'en informer immédiatement le Gouverneur et d'en rendre compte au conseil municipal dans la première session ordinaire qui suivra la dépense effectuée.

Art. 55.

Si un conseil municipal n'allouait pas les fonds exigés pour une dépense obligatoire ou n'allouait qu'une somme insuffisante, l'allocation nécessaire serait inscrite au budget par arrêté du Gouverneur, en Conseil privé.

Dans tous les cas, le conseil municipal sera préalablement appelé à en délibérer.

S'il s'agit d'une dépense annuelle et variable, elle sera inscrite pour sa quotité moyenne pendant les trois dernières années. S'il s'agit d'une dépense annuelle et fixe de sa nature ou d'une dépense extraordinaire, elle sera inscrite pour sa quotité réelle.

Si les ressources de la commune sont insuffisantes pour subvenir aux dépenses obligatoires inscrites d'office en vertu du présent article, il y sera pourvu par le conseil municipal, ou en cas de refus de sa part, au moyen d'une contribution extraordinaire établie par un arrêté du Gouverneur, en Conseil privé. Le Gouverneur devra en rendre compte immédiatement au Ministre de la marine et des colonies.

Art. 56.

Les conseils municipaux peuvent voter dans la limite du maximum fixé chaque année par arrêté du Gouverneur, en Conseil privé, des contributions extraordinaires n'excédant pas cinq centimes pendant cinq années, pour en affecter le produit à des dépenses extraordinaires d'utilité communale.

Ils peuvent aussi voter trois centimes extraordinaires exclusivement affectés aux chemins vicinaux ordinaires.

Les conseils municipaux votent et règlent par leurs délibérations les emprunts communaux remboursables sur les centimes extraordinaires votés comme il vient d'être dit au premier paragraphe du présent article ou sur les ressources ordinaires quand l'amortissement, en ce dernier cas, ne dépasse pas douze années.

En cas de désaccord entre le maire et le conseil municipal, la délibération ne sera exécutoire qu'après l'approbation du Gouverneur.

L'article 40 est applicable aux délibérations du conseil municipal prises dans ces conditions.

ART. 57.

Les conseils municipaux votent, sauf approbation du Gouverneur, en conseil privé :

1º Les contributions extraordinaires qui dépasseraient cinq centimes sans excéder le maximum fixé par le Gouverneur et dont la durée ne serait pas supérieur à douze années ;

2º Les emprunts remboursables sur ces mêmes contributions extraordinaires ou sur les revenus ordinaires dans un délai excédant douze années.

ART. 58.

Toute contribution extraordinaire dépassant le maximum fixé par le Gouverneur, et tout emprunt remboursable sur ressources extraordinaires dans un délai excédant douze années, sont autorisés par arrêté du Gouverneur, en conseil privé et sur l'avis des conseils municipaux.

ART. 59.

Toutes les fois qu'il s'agira de contributions extraordinaires, ou d'emprunts, les plus imposés aux rôles de la commune seront appelés à délibérer avec le conseil municipal, en nombre égal à celui des membres en exercice.

Ces plus imposés seront convoqués individuellement par le maire au moins dix jours avant celui de la réunion.

Lorsque les plus imposés appelés seront absents, ils seront

remplacés en nombre égal par les plus imposés portés après eux sur le rôle.

Art. 60.

Les tarifs des droits de voirie sont réglés par arrêtés du Gouverneur, en Conseil privé.

Art. 61.

Les taxes particulières dues par les habitants ou propriétaires en vertu des règlements et des usages locaux, sont réparties par délibération du conseil municipal approuvée par le Gouverneur.

Ces taxes sont perçues suivant les formes établies pour le recouvrement des contributions publiques.

Art. 62.

Aucune construction nouvelle ou reconstruction entière ou partielle ne pourra être autorisée que sur la production des projets et devis.

Ces projets et devis seront soumis à l'approbation préalable de l'administration coloniale.

CHAPITRE VII.

DES ACTIONS JUDICIAIRES ET DES TRANSACTIONS.

Art. 63.

Nulle commune ou section de commune ne peut introduire une action en justice sans être autorisée par le Conseil privé jugeant au contentieux.

Après tout jugement intervenu, la commune ne peut se pourvoir devant un autre degré de juridiction qu'en vertu d'une nouvelle autorisation du Conseil privé jugeant au contentieux.

Cependant, tout contribuable inscrit au rôle de la commune a le droit d'exercer, à ses frais et risques, avec l'autorisation du Conseil privé jugeant au contentieux, les actions qu'il croirait appartenir à la commune ou section, et que la commune ou section préalablement appelée à en délibérer, aurait refusé ou négligé d'exercer.

La commune ou section sera mise en cause et la décision qui interviendra aura effet à son égard.

Art. 64.

La commune, section de commune ou le contribuable auquel l'autorisation aura été refusée, pourra se pourvoir devant le le Conseil d'État. Le pourvoi sera introduit et jugé en la forme administrative. Il devra, à peine de déchéance, avoir lieu dans le délai de trois mois, à dater de la notification de la décision du Conseil privé.

Art. 65.

Quiconque voudra intenter une action contre une commune ou section de commune, sera tenu d'adresser préalablement au Gouverneur un mémoire exposant les motifs de sa réclamation. Il lui en sera donné récépissé. La présentation du mémoire interrompra la prescription et toutes déchéances.

Le Gouverneur transmettra le mémoire au maire avec l'autorisation de convoquer immédiatement le conseil municipal pour en délibérer.

Art. 66.

La délibération du conseil municipal sera, dans tous les cas, transmise au Conseil privé jugeant au contentieux, qui décidera si la commune doit être autorisée à ester en jugement.

La décision du Conseil privé devra être rendue dans le délai de deux mois, à partir de la date du récépissé énoncé en l'article précédent.

Art. 67.

Toute décision du Conseil privé portant refus d'autorisation devra être motivée.

En cas de refus de l'autorisation, le maire pourra, en vertu d'une délibération du conseil municipal, se pourvoir devant le Conseil d'État, conformément à l'article 64 ci-dessus.

Il devra être statué sur le pourvoi dans le délai de deux mois à partir du jour de son enregistrement au secrétariat général du Conseil d'État.

Art. 68.

L'action ne pourra être intentée qu'après la décision du Conseil privé, et, à défaut de décision, dans le délai fixé par l'article 66, qu'après l'expiration de ce délai.

En cas de pourvoi contre la décision du Conseil privé, l'instance sera suspendue jusqu'à ce qu'il ait été statué sur le pourvoi, et, à défaut de décision, dans le délai fixé par l'article précédent, jusqu'à l'expiration de ce délai.

En aucun cas, la commune ne pourra défendre à l'action, qu'autant qu'elle y aura été expressément autorisée.

Art. 69.

Le maire peut, toutefois, sans autorisation préalable, intenter toute action possessoire ou y défendre, et faire tous autres actes conservatoires ou interruptifs des déchéances.

Art. 70.

Lorsqu'une section est dans le cas d'intenter ou de soutenir une action judiciaire contre la commune elle-même, il est formé pour cette section une commission syndicale de trois ou cinq membres que le Gouverneur choisit parmi les électeurs municipaux.

Les membres du corps municipal qui seraient intéressés à la jouissance des biens ou droits revendiqués par la section, ne devront point participer aux délibérations du conseil municipal relatives au litige.

Ils seront remplacés dans toutes ces délibérations par un nombre égal d'électeurs municipaux de la commune que le Gouverneur choisira parmi les habitants ou propriétaires étrangers à la section.

L'action est suivie par celui de ses membres que la commission syndicale désigne à cet effet.

Art. 71.

Lorsqu'une section est dans le cas d'intenter ou de soutenir une action judiciaire contre une autre section de la même commune, il sera formé, pour chacune des sections intéressées, une commission syndicale, conformément à l'article précédent.

Art. 72.

La section qui aura obtenu une condamnation contre la commune ou contre une autre section, ne sera point passible des charges ou contributions imposées pour l'acquittement des frais et dommages-intérêts qui résulteraient du fait du procès.

Il en sera de même à l'égard de toute partie qui aurait plaidé contre une commune ou une section de commune.

Art. 73.

Toute transaction consentie par un conseil municipal ne peut être exécutée qu'après l'homologation par arrêté du Gouverneur en Conseil privé.

CHAPITRE VIII.

COMPTABILITÉ DES COMMUNES.

Art. 74.

Les comptes du maire pour l'exercice clos sont présentés au conseil municipal avant la délibération du budget. Ils sont définitivement approuvés par le Gouverneur, en Conseil privé.

Art. 75.

Le maire peut seul délivrer des mandats. S'il refusait d'ordonnancer une dépense régulièrement autorisée et liquidée, il serait prononcé par le Gouverneur, en Conseil privé.

L'arrêté du Gouverneur tiendrait lieu de mandat du maire.

Art. 76.

Le budget et les comptes des communes restent déposés à la mairie où toute personne imposée au rôle de la commune a droit d'en prendre connaissance.

Ils sont rendus publics par la voie de l'impression quand le conseil municipal en a voté la dépense.

Art. 77.

Les dispositions du décret du 26 septembre 1855 sur le régime financier des colonies continueront d'être appliquées à la comptabilité communale et aux receveurs municipaux, en tout ce qui n'est pas contraire au présent décret.

CHAPITRE IX.

DES INTÉRÊTS QUI CONCERNENT PLUSIEURS COMMUNES.

ART. 78.

Lorsque plusieurs communes possèdent des biens ou des droits par indivis, un arrêté local instituera, si l'une d'elles le réclame, une commission syndicale composée de délégués des conseils municipaux des communes intéressées.

Chacun des conseils élira dans son sein, au scrutin secret et à la majorité des voix, le nombre des délégués qui aura été déterminé par l'arrêté local.

La commission syndicale sera renouvelée tous les trois ans, après le renouvellement partiel des conseils municipaux.

Les délidérations prises par la commission ne sont exécutoires que sur l'approbation du Gouverneur, en Conseil privé, et demeurent, d'ailleurs, soumises à toutes les règles établies pour les délibérations des conseils municipaux.

ART. 79.

La commission syndicale sera présidée par un syndic nommé à l'élection parmi les membres qui la composent.

Les attributions de la commission syndicale et du syndic, en ce qui touche les biens et les droits indivis, seront les mêmes que celles des conseils municipaux et des maires, pour l'administration des propriétés communales.

ART. 80.

Lorsqu'un même travail intéressera plusieurs communes, les conseils municipaux seront spécialement appelés à délibérer sur leurs intérêts respectifs et sur la part des dépenses que chacune d'elles devra supporter. Ces délibérations seront soumises à l'approbation du Gouverneur.

En cas de désaccord entre les conseils municipaux, le Gouverneur prononcera, en Conseil privé.

La part de la dépense, définitivement assignée à chaque commune, sera portée d'office aux budgets respectifs, conformément à l'article 55 du présent décret.

TITRE III.

Dispositions diverses.

ART. 81.

Dans le mois qui suivra la promulgation du présent décret, il sera procédé à la formation des listes électorales, conformément aux dispositions contenues dans la loi du 15 mars 1849. Les époques d'ouverture et de révision des listes électorales, celles de leur clôture et de leur publication sont fixées par des arrêtés du Gouverneur pris en Conseil privé.

ART. 82.

Le Ministre de la marine et des colonies est chargé de l'exécution du présent décret qui sera inséré au *Bulletin des Lois et au Bulletin Officiel de la marine.*

Fait à Paris, le 15 octobre 1879.

Signé : Jules GRÉVY.

Par le Président de la République française :

Le Ministre de la Marine et des Colonies,
Signé : JAURÉGUIBERRY.

Inséré au *Bulletin officiel* 1879. — Paris, Imp. E. Lacroix.